El Arte de la Fotografía de Maternidad

Héctor M. Meléndez

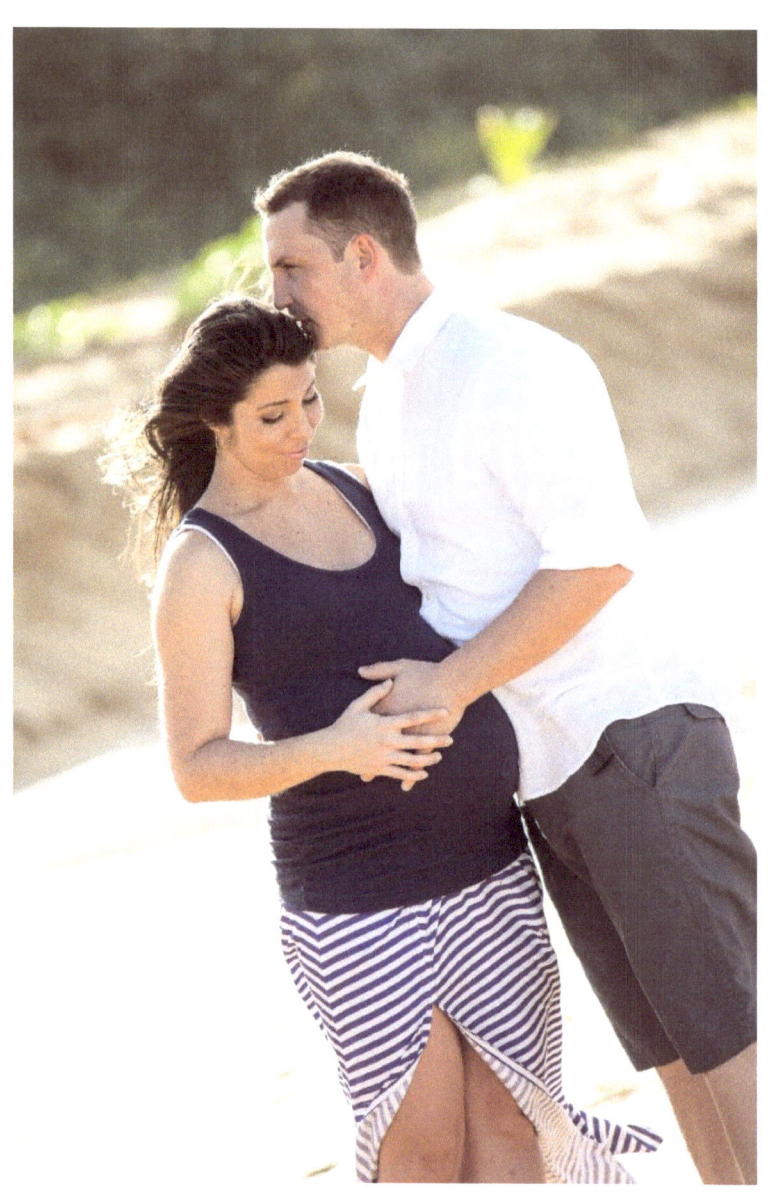

Derechos de autor © 2020 Héctor M. Meléndez Todos los derechos reservados

Ninguna parte de este libro puede ser reproducida ni almacenada en un sistema de recuperación, ni transmitida de cualquier forma o por cualquier medio, electrónico, o de fotocopia, grabación o de cualquier otro modo, sin el permiso expreso del editor.

CONTENIDO

Página del Título

Derechos de Autor

Introducción

Posando

Romanticismo

Vestimenta

Iluminación

Consejos para Tomar Excelentes Fotos

Equipo

Planificación de Contingencias

Edición

Producto Final

INTRODUCCIÓN

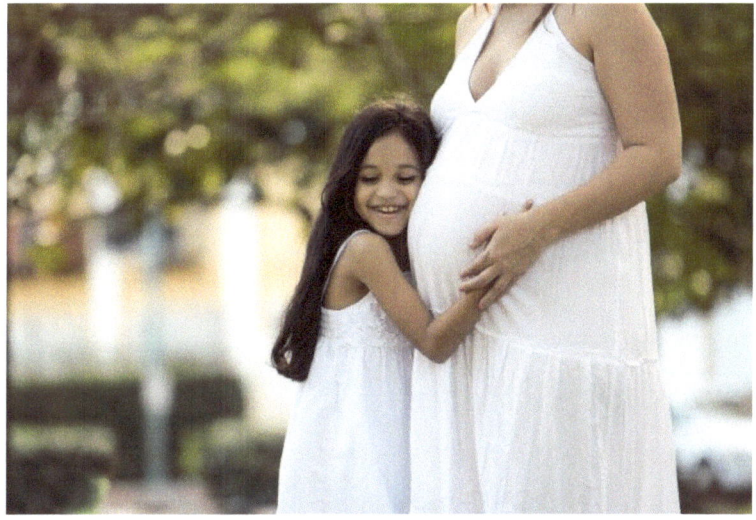

El embarazo es un momento muy especial en la vida del ser humano. Significa que se acerca la llegada de un nuevo integrante a la familia. Muchas parejas optan por contratar a un fotógrafo profesional para capturar imágenes especiales después del sexto mes de embarazo. En mi experiencia, las sesiones de embarazo son un momento muy íntimo de la pareja, por lo que prefieren que las fotos se tomen en lugares como un estudio fotográfico para privacidad o al aire libre en lugares poco frecuentados. Esto es lo que ayuda a la relajación de los sujetos en este tipo de sesiones, lo que nos ayuda a obtener expresiones naturales. Vivo en una isla tropical, lo que me ayuda a tener sesiones al aire libre durante todo el año. Todas mis sesiones de embarazo han sido en jardines botánicos y playas en la isla de Puerto Rico, como verán en las imágenes de este libro. Este libro va dirigido a personas con conocimiento básico de cámaras SLR. Si desea aprender a tomar bellas imágenes del embarazo, disfrutará leyendo este libro.

POSANDO

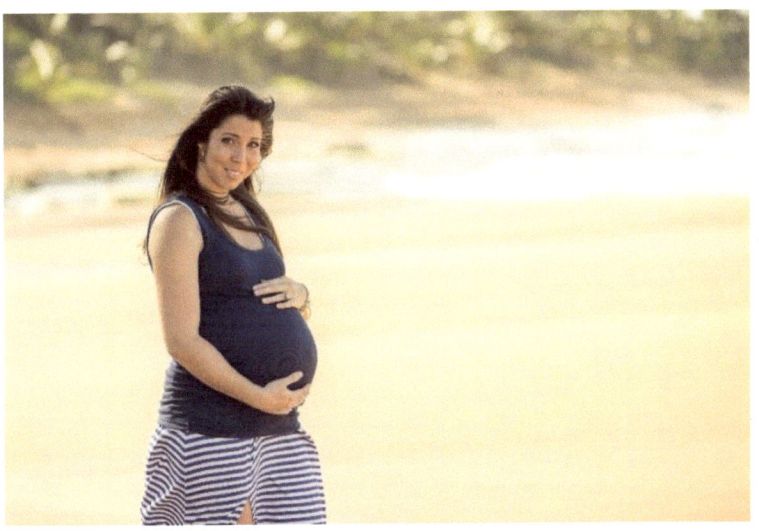

Para tener una sesión exitosa, posar nuestros sujetos es extremadamente importante. Debemos ayudar a la pareja a adoptar algunas posturas básicas, y a partir de ahí, seguir variando. A veces harán sus propias poses sin darse cuenta.

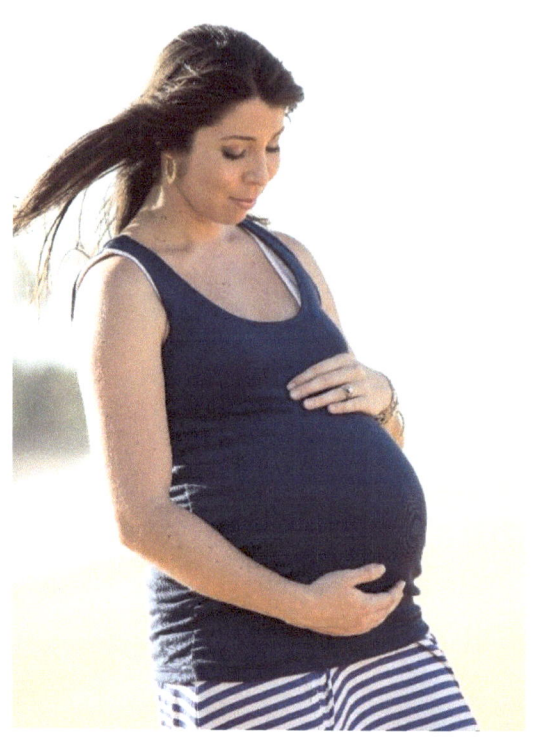

Cuando la futura madre está sola, la mano del brazo más cercano a la cámara debe estar debajo del vientre, mientras que el otro brazo debe descansar arriba, como se muestra en esta imagen. Las manos necesitan verse relajadas. La futura madre puede mirar a su vientre, luego a su frente y luego a la cámara.

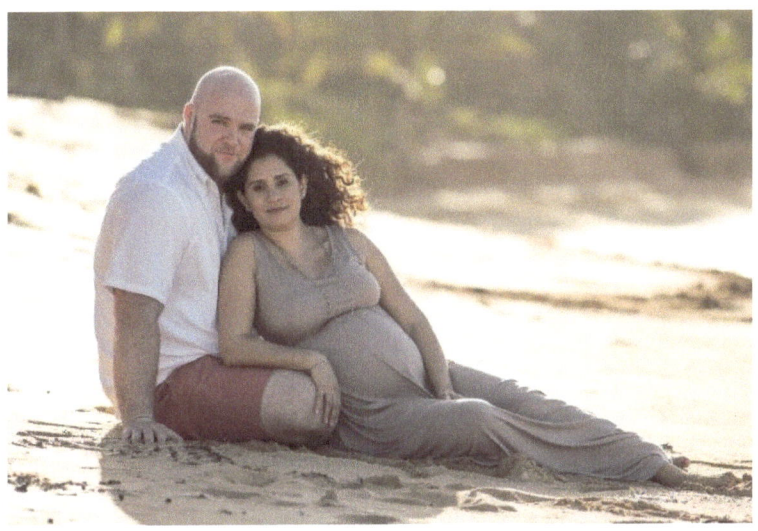

La postura en la que la pareja está sentada en el suelo también puede verse muy bien cómo se puede ver en esta imagen.

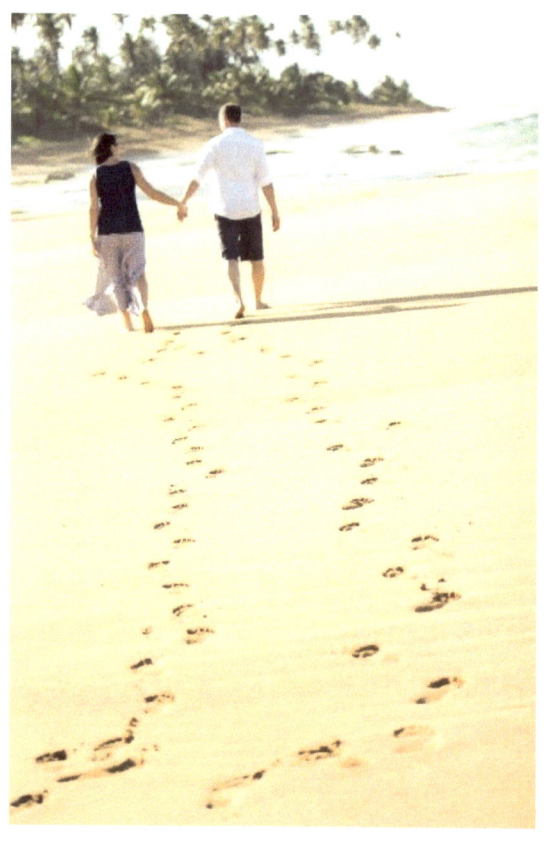

Si tenemos la oportunidad, podemos decirle a la pareja que salga a caminar. En esta imagen noté las huellas en la arena. Incliné la cámara y logré una de las fotos más especiales de esta sesión.

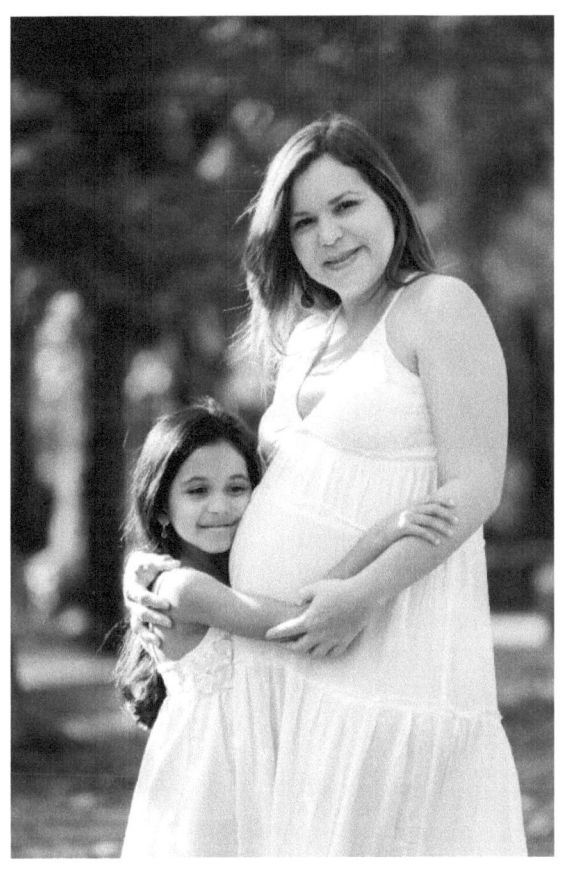

Los futuros hermanos mayores son bienvenidos en las sesiones. En esta imagen, la niña muestra amor por su madre y está esperando que nazca su hermano menor.

ROMANTICISMO

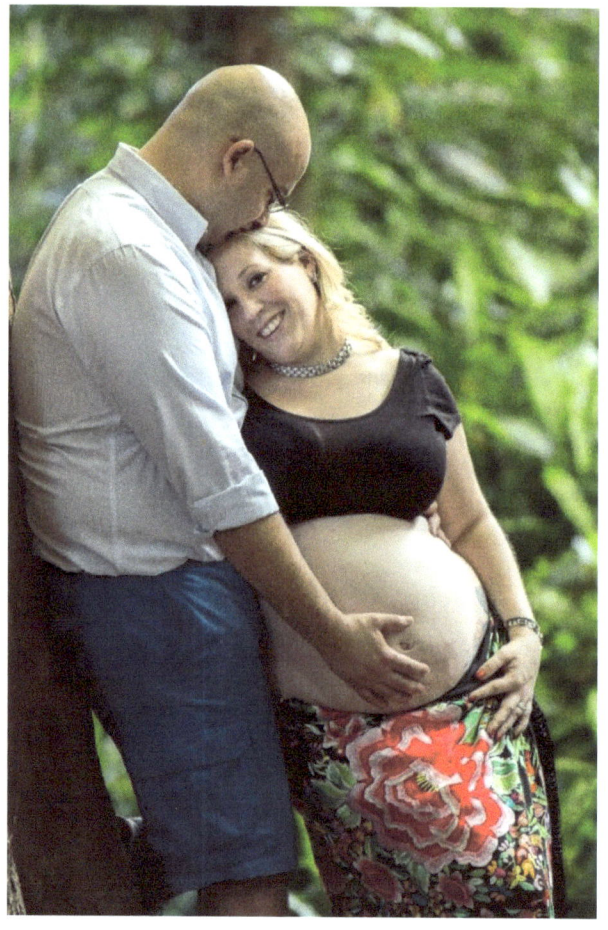

Cuando el padre a ser está en la sesión, es muy importante mostrar romance entre la pareja, ya que el bebé en el vientre de la madre es producto de su amor. Posemos la pareja, le decimos que hablen de cosas divertidas y luego vamos un poco lejos para evitar la intimidación. Desde allí no escuchamos nada, pero con el poder de nuestro lente parece que estamos muy cerca. Esperamos momentos especiales. En esta imagen, la futura madre está en una pose romántica con su esposo, y por un breve momento mira a la cámara, lo que hace que esta imagen sea muy especial.

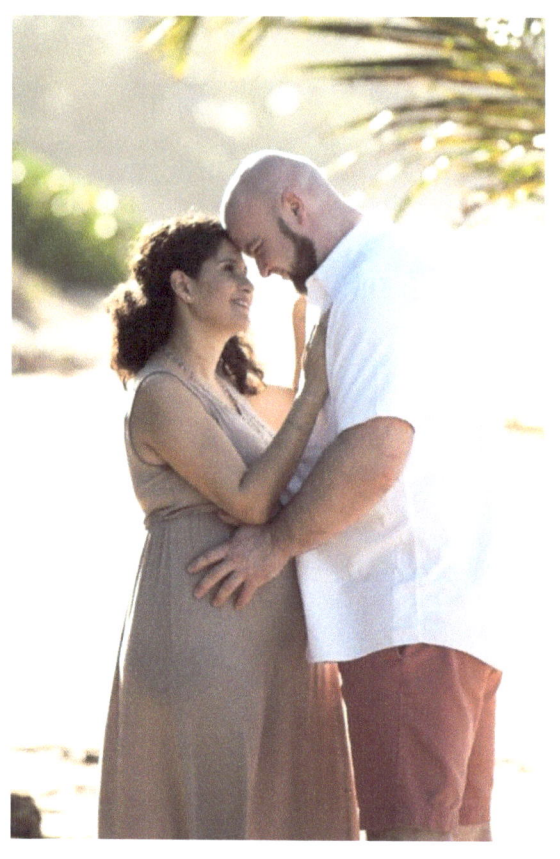

Los futuros padres crearán sus propias poses a veces, como en esta imagen, por lo que siempre debemos estar preparados.

VESTIMENTA

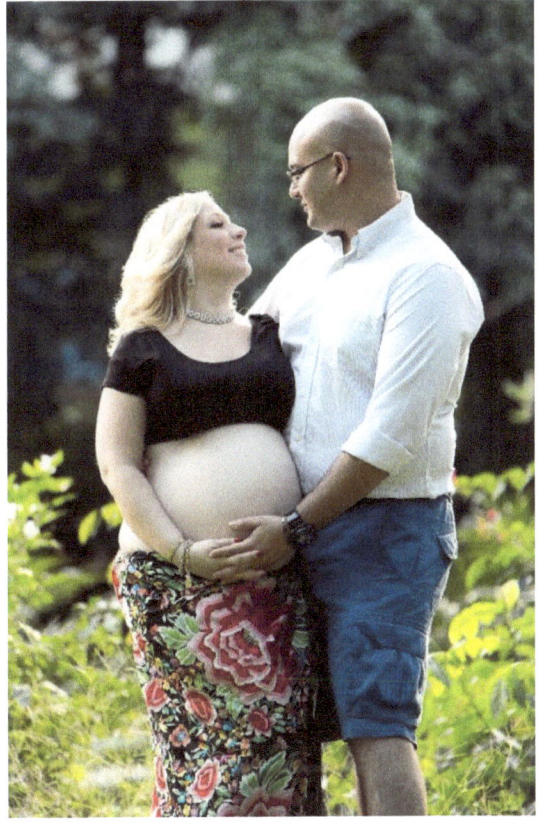

Prefiero la ropa de colores sólidos. La ropa fresca y cómoda es lo ideal. Pero a veces la pareja decide. En esta sesión la madre decidió usar una falda colorida y tener su vientre desnudo.

ILUMINACIÓN

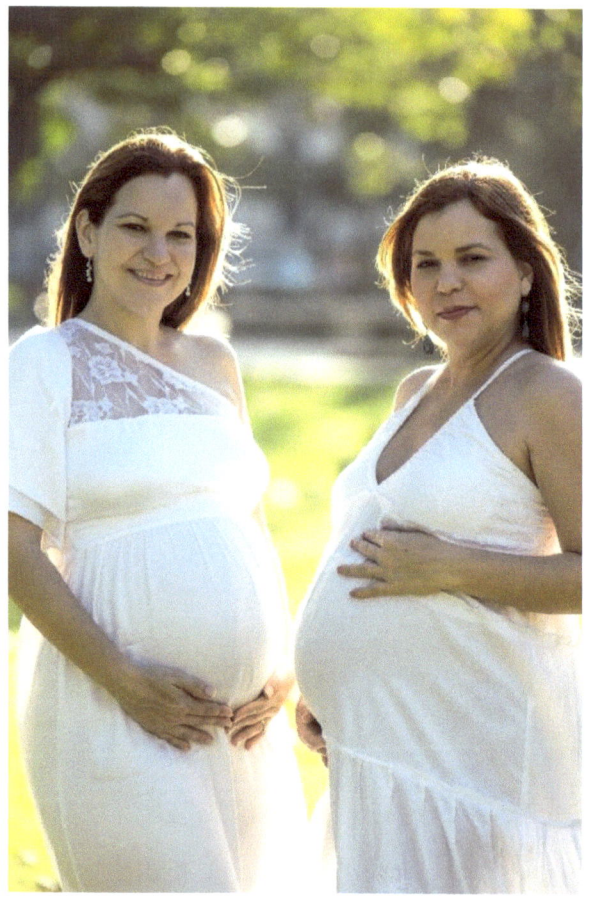

En mis sesiones siempre trabajo con luz natural, a menos que sea necesario un poco de luz de relleno. Siempre recuerden hacer sus sesiones durante la tarde. Intenten comenzar tres horas antes de la caída del sol.

Cuanto más cae el sol, más cálidos son los colores. De esta manera evitamos sombras no deseadas y colores planos del sol del mediodía. Es importante utilizar la luz que entra entre los árboles a nuestro favor. De esta manera, cuando desenfocamos el fondo, puede parecer muy interesante.

Intenten colocar a sus sujetos con el sol iluminando su espalda. De esta manera podemos lograr imágenes dramáticas.

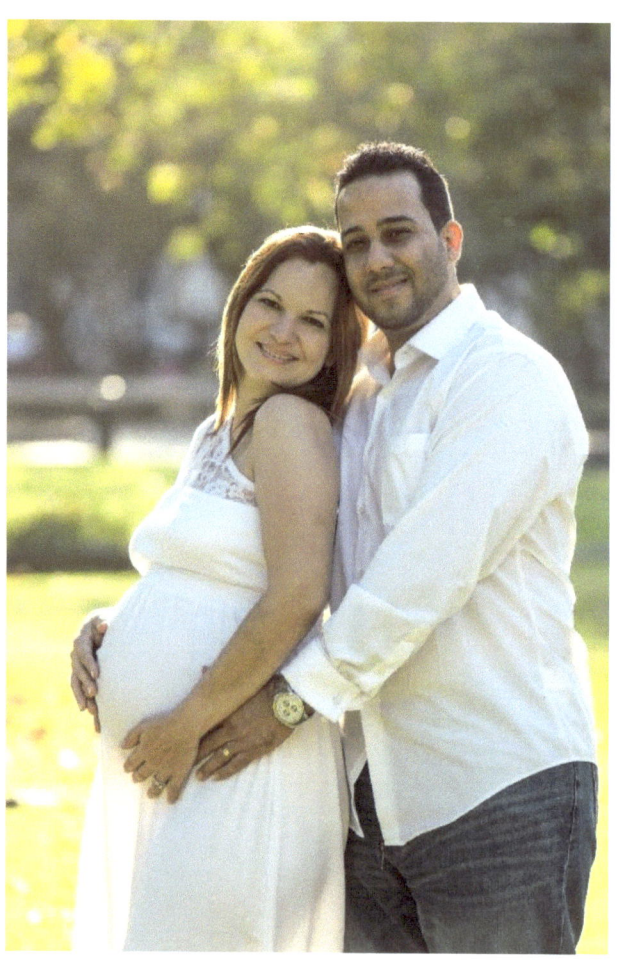

CONSEJOS PARA TOMAR EXCELENTES FOTOS

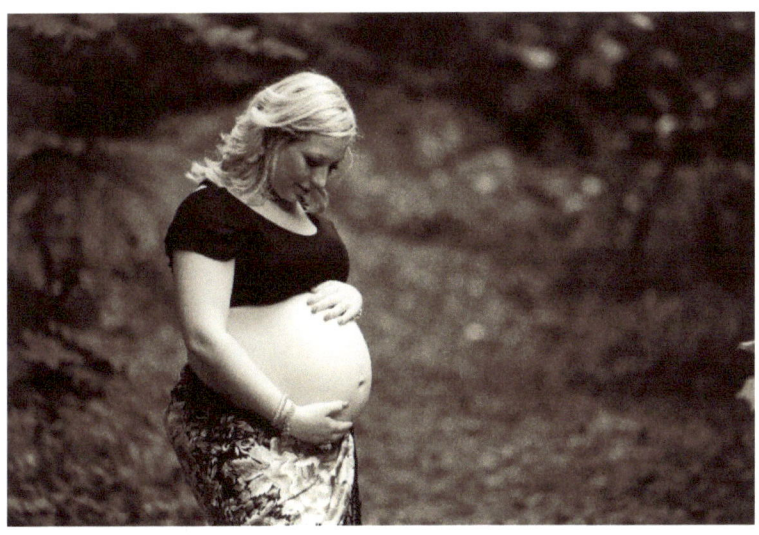

Trabajemos siempre con la cámara en modo ráfaga ("burst mode"). De esta forma intentamos no perder el momento perfecto. Nunca deberíamos estar preocupa dos por quedarnos sin memoria. En estos días las tarjetas de memoria son bastante económicas. Compremos tarjetas de memoria con suficiente espacio y siempre tengamos una tarjeta adicional por motivo de contingencia. Para mí es importante que nuestras imágenes se vean limpias. Debe haber la menor cantidad de objetos que distraigan la vista del espectador. No debería haber otras personas que no sean nuestros sujetos.

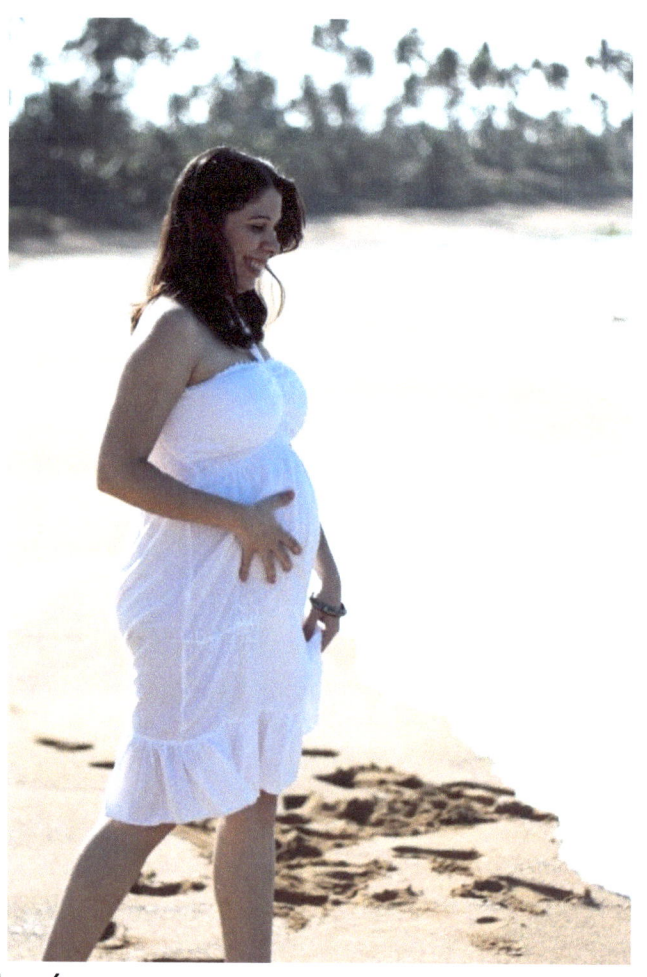

Debería parecer que nuestros sujetos están solos en la foto. Por eso, desenfocar el fondo es muy importante. Esto hace que nuestros sujetos sean los personajes principales. Menos, es más. Intentemos tomar casi todas las imágenes con el lente a su máxima distancia focal para desenfocar el fondo. Use el medidor de punto en la cámara para medir la luz con un color neutro, como el verde de la hierba.

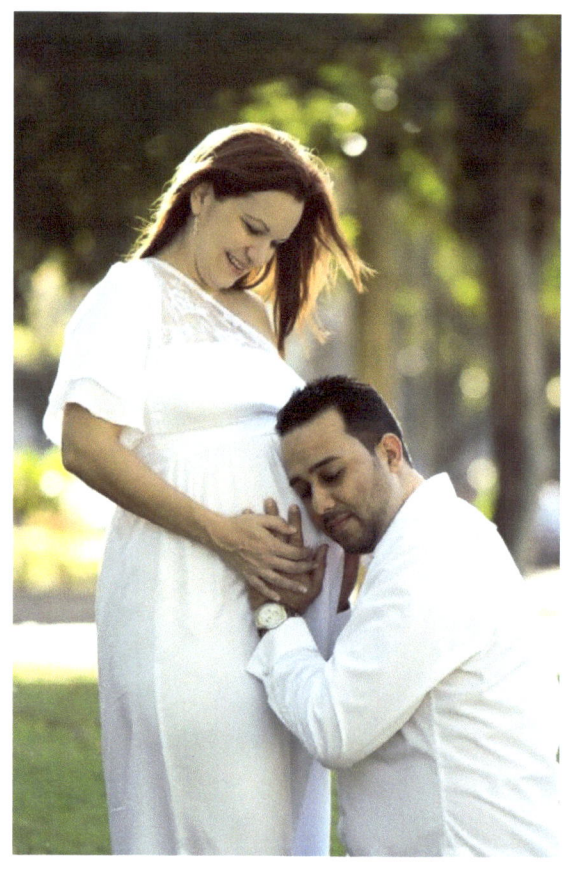

Tenga en cuenta los cambios de luz y vuelva a medir si es necesario. Siempre esté preparado para el momento con ambas manos en la cámara. Compongamos con nuestro ojo cuidadosamente y tomemos las imágenes. De esta forma evitamos pasar más tiempo editando. Recuerde que recortar demasiado durante la edición reduce la resolución de la imagen.

EQUIPO

- Dos cámaras DSLR
- Lente súper teleobjetivo 70-200 mm (para cámara con sensor de tamaño completo) o 50-150 mm (para cámara con sensor APS-C) con 2.8 apertura fija a cualquier distancia y estabilización de imagen
- Lente adicional de respaldo
- Agarre de la batería ("Battery Grip") para más tiempo de energía y mejor manejo de la cámara.
- Dos tarjetas de memoria con espacio para al menos 1,000 imágenes cada una
- Kit de limpieza de lentes
- Flash externo

PLANIFICACIÓN DE CONTINGENCIAS

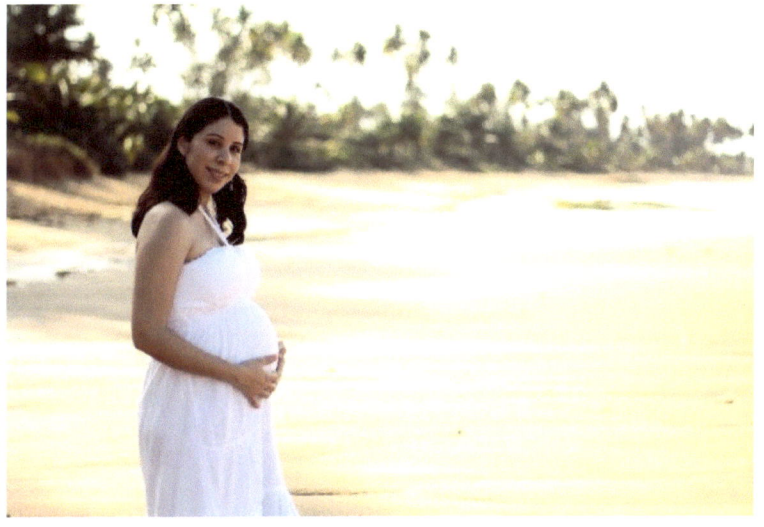

Hacer copias de seguridad en una computadora, unidad de disco externa y en un servicio en la nube, el mismo día de la sesión, es imprescindible. Al editar, haga una copia de seguridad de su trabajo al final de cada día. De esta forma evitamos perder nuestro trabajo en caso de cualquier accidente.

EDICIÓN

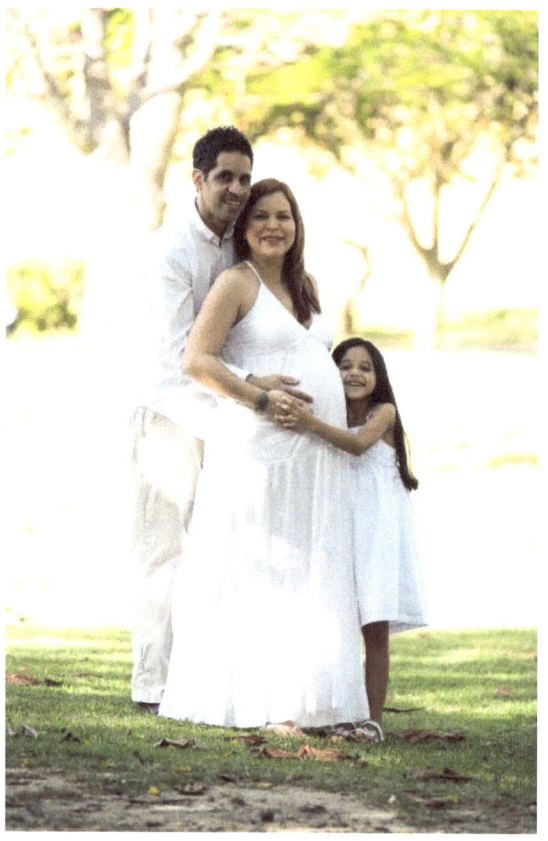

Mi consejo es tomar todas nuestras fotos en formato RAW. De esta manera tendremos más control al editar. Podemos recortar, ajustar el balance de blancos, subir o bajar hasta dos paradas completas en caso de que perdamos la exposición correcta debido a los cambios de luz, y podemos ajustar las sombras, los reflejos y los colores. Las fotos en formato jpeg no son muy manejables. Utilicemos una buena aplicación de computadora de escritorio para manejar el formato de fotos RAW. Después de que terminemos de editar, convertimos al formato jpeg para el producto final.

PRODUCTO FINAL

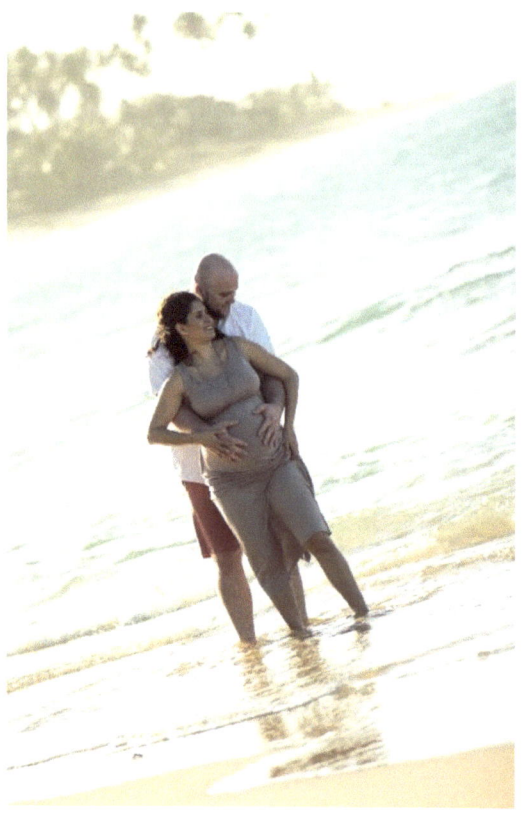

Debido al hecho de que en mis sesiones de embarazo siempre trabajo con mi cámara en modo ráfaga, puedo terminar con alrededor de 500 fotos por sesión. Ya sentado frente a mi computadora, comienzo a hacer una selección de las fotos que artísticamente cumplen con mis requisitos, y luego empiezo a editar. Entrego alrededor de 35 imágenes en color con copias en blanco y negro, en un dispositivo bien presentado. En Internet podemos encontrar varias compañías de fotografía que nos ayudan con artículos y dispositivos de calidad interesantes para almacenar fotos.

www.ingramcontent.com/pod-product-compliance
Lightning Source LLC
Chambersburg PA
CBHW040347220526
45473CB00009B/2809